# HOMELIE X.

## POUR LE VINGT-UN[ME] DIMANCHE APRÉS LA PENTECÔSTE.

SUR LE CREANCIER INHUMAIN.

*Par M. le Curé de S. Sulpice de Paris.*

QUATRIE'ME EDITION.

A PARIS,
Chez RAYMOND MAZIERES, ruë S. Jacques, prés la ruë de la Parcheminerie, à la Providence.

M. DCCIX.
*AVEC APPROBATION ET PRIVILEGE DU ROY.*

# TEXTE DU SAINT EVANGILE

## SELON SAINT MATTHIEU.

EN ce temps-là, Jeſus dit à ſes Diſciples cette parabole: Le Royaume des Cieux eſt ſemblable à un homme Roy, qui voulut faire rendre compte à ſes ſerviteurs. Lors qu'il eut commencé, on luy en preſenta un qui luy devoit dix mille talens; & n'ayant pas de quoy les luy rendre, ſon Seigneur commanda qu'il fût vendu, luy, ſa femme, & ſes enfans, & tout ce qu'il avoit, afin que ſa dette fût payée. Mais ce ſerviteur ſe jettant à ſes pieds le pria, diſant: Ayez un peu de patience, & je vous rendray tout. Le Maître touché de compaſſion pour ce ſerviteur, le mit en liberté, & luy remit ce qu'il luy devoit. Or ce ſerviteur étant ſorty, & ayant rencontré un des ſes compagnons, qui luy devoit cent deniers, il l'arrêta, & le prit à la gorge, diſant: Rendez-moy ce que vous me devez. Celui-cy ſe jetta à ſes pieds, & le pria diſant : Ayez un peu de patience, & je vous rendray tout : Mais il ne le voulut pas, & il le fit mettre en priſon, juſqu'à ce qu'il luy eût tout payé. Les autres ſerviteurs voyant cela, en furent fort contriſtez: & ils vinrent rapporter à leur Maître tout ce qui s'étoit paſſé. Alors le Maître le fit venir, & luy dit : Méchant ſerviteur, je vous ay remis tout ce que vous me deviez, parce que vous m'avez prié; ne deviez-vous donc pas avoir pitié de vôtre confrere, comme j'ay eu pitié de vous? Et le Maître irrité, le mit entre les mains des bourreaux, juſqu'à ce qu'il eût rendu tout ce qu'il devoit. C'éſt ainſi que mon Pere celeſte vous traitera, ſi vous ne pardonnez de cœur à vôtre frere. *Matth.* 18. *v.* 21.

# HOMELIE

## SUR

## LE CREANCIER INHUMAIN.

SI la fidelité du saint Patriarche Joseph envers le Seigneur Egyptien dont il étoit Intendant, fut comme un préjugé de sa fidelité envers Pharaon quand il seroit Ministre d'Etat de ce Prince ; on peut bien dire que l'injustice de *l'Econome infidele* dont nous parlâmes Dimanche dernier, est un essay de l'injustice qu'il commettra s'il est jamais élevé au maniement des deniers publics. Il est vrai que le Receveur precedent, & celui d'aujourd'hui nous sont representez sous deux differentes paraboles ; cependant comme on passe assez souvent de la recette du bien des particuliers, à l'administration du bien des Princes, on peut regarder le premier employ comme un degré pour monter au second, & comme le progrés d'une ambitieuse cupidité toujours insatiable. On ne sçait ce qui est plus blâmable dans le Serviteur d'aujourd'huy, ou son infidelité d'avoir dissipé le bien qui ne luy appartenoit pas, ou sa dureté à exiger le bien qui luy appartenoit; & on ne sçait non plus ce qui est plus loüable dans ce Roy dont parle nôtre Evangile, ou sa bonté à remettre une si grande dette à ce Serviteur qui lui demandoit pardon; ou sa justice à le punir de son inhumanité envers son confrere, qui pour une dette trés petite luy demandoit grace. Or sous l'écorce de cette parabole nous découvrons, 1° Que les dettes dont nous sommes redevables envers un Créancier, sont la figure des péchez dont nous sommes redevables envers la justice divine. 2°. Que les offenses que le prochain commet contre nous, sont des dettes dont il est redevable envers nous. 3. Que la rigueur ou l'indulgence dont nous userons envers nos Debiteurs, sera la regle de la severité ou de la misericorde dont le Seigneur usera envers nous.

Et premierement à l'égard des dettes temporelles, quelle misericorde & quelle droiture le Seigneur ne veut il pas que nous y apportions? Ne refusez point, dit il, de prêter à celuy qui veut emprunter de vous: *Volenti mutuari à te, ne avertaris* : & prêtez sans en esperer aucun retour: *mutuum date, nihil indè sperantes*. Que si vous estes obligé de repeter vôtre dette, faites-le, mais avec douceur & moderation, *modestè & leniter*, dit saint Augustin. Que si le debiteur refuse de vous rembourser, examinez si c'est ou par pauvreté temporelle : *vel quòd non habeat* : Auquel cas cette regle de l'Evangile aura lieu : *& quæ tua sunt ne repetas* : Ne demandez point ce qui est à vous : ou par un desir de retenir le bien d'autruy, *vel quòd avarus sit, reique alienæ cupidus* : ce qui est en luy une pauvreté spirituelle : & pour lors vous pouvez l'obliger à vous payer, non par la cupidité de r'avoir vôtre argent, mais par la charité que vous devez avoir de guerir vôtre frere de son avarice, puisque sans doute il luy est pernicieux de retenir le bien d'autruy pouvant le rendre : *Cui sine dubio perniciosum est habere undè reddat & non reddere* : continuë saint Augustin : Telle est la doctrine de Jesus-Christ prêchée sur cette celebre montagne où il alla, dit saint Chrysostome, non comme Moyse pour y recevoir la Loy ancienne, mais comme Fils de Dieu & Docteur des nations pour en donner une nouvelle, & jusqu'alors inconnuë aux hommes : Quelle l'est encore aujourd'huy, Seigneur, cette divine doctrine, & que ces maximes sont ignorées parmi nous, & encore plus mal pratiquées ! tant par le peu de sincerité dans celuy qui emprunte, que par le peu de grandeur & de charité dans celuy qui prête, que par le peu de desinteressement dans tous les deux ! Ne nous plaignons pas de la regle, elle est sainte, elle est juste : plaignons-nous de notre convoitise, vraye & unique cause de ce qu'on ne la garde pas : craignons qu'ayant perdu la pureté de la morale que nous devrions suivre, nous ne perdions la pureté de la foy qui nous l'a apprise. Heureux & sage celuy qui n'emprunte jamais, que pressé non par ses desirs dereglez, mais par une necessité indispensable, & sans sçavoir bien surement comment il s'acquitera. Qu'il est doux de ne devoir rien à personne, que l'exercice de cette excellente vertu qu'on rend toûjours, & dont on ne s'acquite jamais ! *nemini quicquam debeatis, nisi ut invicem diligatis.* Que nos convoitises coûtent cher à nôtre cœur ! car si l'empire que les riches exercent sur les pauvres est souvent tyrannique ; la servitude où s'engage l'imprudent qui ne craint point d'emprunter mal à propos, n'est gueres moins honteuse que celle à laquelle la naissance l'auroit assujetti. Qu'il est amer de devoir son cœur à celui qui ne l'a acheté qu'aux prix de l'or! voulons-nous être veritablement opulens, demandons à Dieu, non qu'il augmente nos richesses, mais qu'il diminuë nos convoitises.

2°. Et quant aux dettes spirituelles, c'est-à-dire, aux offenses que le prochain commet contre nous, & qui sont l'image des offenses que nous commettons contre Dieu, il est sans doute que nous devons remettre les nôtres, comme nous voulons que le Seigneur nous remette les siennes: Seigneur, disons-nous tous les jours : Pardonnez-nous nos offenses, comme nous pardonnons à ceux qui nous ont offensé : Or si nous voulons tous les jours que le Seigneur nous pardonne, nous devons donc vouloir tous les jours pardonner au prochain, qui sans doute ne peche pas si souvent contre nous, que nous pechons contre le Seigneur : Car comparer notre indulgence envers le prochain, à l'indulgence du Seigneur

gneur, envers nous, c'eſt comparer une goutte d'eau à l'ocean, dit ſaint Chryſoſtome: *quaſi aquæ ſtilla ingenti mari.* C'eſt comparer cent deniers à dix mille talens: *quantum centum denarii à decem millibus talentis diſtant.* Voicy donc l'eſprit de la parabole d'aujourd'huy: le Sauveur ayant prononcé ces paroles: Si vôtre frere peche contre vous ſept fois le jour, & que ſept fois le jour il vienne vous trouver, & vous diſe: Je me repens de ma faute, pardonnez-luy. Saint Pierre deſirant l'explication de cette maxime, luy dit: Seigneur, eſt-ce que je remettray à mon frere juſqu'à ſept fois l'offenſe qu'il aura faite contre moy? Non ſeulement juſqu'à ſept fois, luy repliqua le Sauveur, mais juſqu'à ſeptante fois ſept fois, *uſque ſeptuagies ſepties*, marquant viſiblement par là un nombre illimité, ſelon les Peres: *qua quidem oratione nullum omninò terminum poſuit, ſed indefinitè, continuè & ſemper ſignificavit*, dit ſaint Chryſoſtome: & voulant ainſi proportionner en quelque ſorte nôtre charité envers le prochain, à ſa charité envers nous. *Ad ſimilitudinem nos bonitatis ſuæ inſtruit*, ajoûte ſaint Hilaire. S. Pierre, dit ſaint Jean Chryſoſtome, croyoit aller dire une grande choſe au Sauveur, en luy demandant s'il pardonneroit à ſon frere juſqu'à ſept fois: *magnum quid ſe allaturum Petrus putavit gloriabundus*: Vous me commandez, lui « diſoit il, de pardonner à celui qui m'offenſe, mais « vous ne me dites pas ſi je luy pardonneray plus de « ſept fois: car ſi mon frere m'offenſe tous les jours, « & qu'il en ait tous les jours regret, eſt-ce pour « toûjours, ou juſqu'à un certain nombre de fois, «

„ que vous me commandez de lui pardonner? je vois „ que vous avez mis des bornes à la patience qu'on doit „ avoir pour celui qui demeure opiniâtre dans son pe- „ ché, & qui ne se repent pas : Vous dites de lui, lors „ qu'on a épuisé tous les moyens pour le corriger, que „ nous le devons regarder comme un Payen & un Pu- „ blicain ; mais vous ne marquez rien de semblable „ pour celui qui reconnoît sa faute, & vous ne di- „ tes point jusques où on le doit souffrir ; déclarez- „ moy combien de fois je luy pardonneray ; sera-ce „ jusqu'à sept fois ? *Quid igitur misericors Dominus ?* „ Que répond à cela Jesus-Christ dont la bonté n'a „ point de bornes ? Je ne vous dis pas jusqu'à sept „ fois, mais jusqu'à septante fois sept fois, luy mar- „ quant par ces paroles, un nombre infini, un nombre „ sans nombre.

Mais ce nombre figure encore quelque chose de mysterieux, puisqu'il renferme celui d'une indulgence pleniere & totale de toutes nos fautes, selon la remarque des Peres : *quo numero septuagesimo septimo significatur omnium prorsus remissio & abolitio peccatorum.* Car le nombre de sept represente cette semaine de temps destiné aux travaux laborieux de cette vie ; & ce nombre de dix, celuy des Commandemens de Dieu, desquels tout peché est une infraction ; si bien que nous remettre septante fois sept fois nos pechez, c'est nous remettre tous les pechez que nous pouvons commettre contre toutes les loix du Seigneur. *Ad numerum septuagesimum & septimum cuncta peccata perveniunt.* Telle est la pensée de Saint Augustin & de Saint

Gregoire, qui d'ailleurs obſervent quil n'y a que ſeptante & ſept generations depuis Adam juſqu'au Sauveur, qui par ſon Incarnation, nous a mérité la grande & generale abolition de tous nos crimes, & nôtre entiere reconciliation avec Dieu, du ſein duquel il eſt venu : *in quo numero etiam fit plena remiſſio peccatorum, expiante nos carne Sacerdotis noſtri, à quo nunc iſte numerus incipit, & reconciliante nos Deo ad quem nunc iſte numerus pervenit.*

Saint Ambroiſe fait une autre obſervation là-deſſus, au ſujet du Patriarche Jacob, qui craignant la colere de ſon frere Eſaü, adora Dieu ſept fois, *adoravit ſepties Deum*, marquant par ce nombre de remiſſion, celuy qui devoit nous apporter pour toûjours l'indulgence parfaite de nos pechez ; montrer à ſaint Pierre l'étenduë de ſa charité envers nous, & de celle qu'il vouloit que nous euſſions envers nos freres ; & nous procurer le repos éternel, aprés les bonnes œuvres de cette ſemaine laborieuſe de jours: *adoravit ſepties Deum, numero ſcilicet remiſſionis, quia non hominem adorabat, ſed eum quem in carne hominis eſſe venturum prævidebat ſpiritu, ut tolleret peccata mundi, quod tibi ex Petri reſponſione aperitur myſterium, dicente eo, ſi peccaverit in me frater meus, quoties remittam ei? uſque ſepties? vides quoniam peccatorum remiſſio, typus eſt illius magni ſabbati illius perpetuæ gratiæ, & ideò contemplatione donatur.* Saint Hilaire fait auſſi attention à ce nombre, ſur cet endroit de la Geneſe, où il eſt dit que le meurtre de Caïn ſeroit puni ſept fois, & celuy de Lamech ſeptante fois ſept fois : Il veut que le premier ſoit celuy qui regarde un pur homme, & que le second soit celuy qui regarde Jesus Christ Dieu & Homme, de la mort duquel tous les hommes sont coupables, & dont le sang épanché a obtenu la remission des pechez de tous les hommes : *in Lamech supplicium usque ad septuagies & septies est constitutum : & in eo quantum existimamus, constituta in auctores Dominicæ Passionis est pœna : sed Dominus per confessionem credentium hujus criminis veniam largitur.*

Toutes ces considerations servent à faire voir aux personnes desireuses d'approfondir les paroles de l'Ecriture, combien de mysteres y sont renfermez : de plus elles nous conduisent naturellement à nous convaincre de l'obligation que nous avons de pardonner aux autres les offenses qu'ils commettent contre nous, à l'imitation de celuy qui nous remet les pechez que nous commettons contre luy : & enfin elles nous découvrent le but de l'Evangile d'aujourd'huy, qui ne tend qu'à nous inculquer une si étroite & si sainte doctrine. C'est pourquoy, le Sauveur aprés avoir avancé cette doctrine, la rend palpable par la parabole suivante : *Ideò*, dit-il, *assimilatum est regnum cœlorum homini Regi.* Et c'est ce que nous allons expliquer à présent.

## PREMIERE CONSIDERATION.

La grandeur du peché que commettoit le Ministre d'aujourd'huy, à qui ce Roi veut faire rendre compte des biens qu'il lui avoit mis entre les mains, & qui les avoit diſſipez, paroiſt dans les circonſtances ſuivantes.

1°. La Majeſté Royale ſe trouvoit bleſſée dans cette diſſipation : il faut reſpecter le Prince dans les biens qu'il nous confie : la faute qu'on fait en cela, luy eſt injurieuſe, & par conſequent du premier ordre, puiſque l'offenſe tire ſa grandeur de la dignité de celuy qui eſt offenſé. D'ailleurs il pechoit encore contre la fidelité que doit un ſerviteur à ſon Maiſtre, quand même il ſeroit un Maiſtre fâcheux : *Servi, ſubditi eſtote in omni timore Dominis, non tantùm bonis & modeſtis, ſed etiam diſcolis.* Et les Peres ont obſervé que les Apôtres ont prêché cette obligation aux Chrétiens, Neron même regnant : A plus forte raiſon le Serviteur d'aujourd'huy devoit-il eſtre tel, ayant affaire au meilleur Maiſtre qui fut jamais. Soyez ſoûmis au Roy, diſent les Diſciples de celuy qui s'eſt voulu ſoûmettre luy-même à la puiſſance la plus injuſte qui fût jamais. *Subjecti eſtote Regi quaſi præcellenti* : Que les ſerviteurs ſoient fideles à leurs Maiſtres, qu'ils ne détournent rien de leurs biens, & qu'en toutes choſes ils leur témoignent une entiere fidelité : *Servos Dominis ſuis ſubditos eſſe, non fraudantes, ſed in omnibus fidem bonam oſtendentes.*

2°. Si le reſpect dû au Prince n'eſtoit pas capable de le retenir, ne devoit-il pas du moins craindre ſon indignation : le poids de ſon autorité abſoluë ; la ſeverité de ſa juſtice ; la rigueur de ſes châtimens ? Quelle imprudence, & quelle audace de mépriſer celuy qui pouvoit le perdre, luy, ſa femme, ses enfans, le dépoüiller de son bien, & le confiner en une perpetuelle prison, comme il fit; ne sçavoit-il pas que la colere du Roi est l'avant-couriere de la mort? *Indignatio regis nuntia mortis*, & que ses menaces ne sont pas moins à redouter que les rugissemens du lion, *sicut fremitus leonis, ita & regis ira*, dit le plus sage des Rois.

3°. Ajoûtez à cela la qualité de cet argent: c'étoit un bien public, auquel plusieurs personnes avoient interest, & qui tres apparemment concernoit des affaires d'Etat: un dépost sacré, dont il ne devoit point disposer que selon les intentions du Prince, & dont la dissipation étoit dommageable à un grand nombre de personnes. Ce fut par de semblables considerations que le Pontife Onias détournoit Heliodore de la déprédation du trésor des Juifs: *ostendens deposita esse hæc, victualia viduarum & pupillorum.*

4°. Il semble même que cet argent regardoit personnellement le Roi, & qu'il lui appartenoit par un titre particulier, comme provenant, non de la recette des tributs, & autres impositions publiques, mais du domaine de la Famille Royale, & du patrimoine de sa Maison, & que c'estoit un de ses Officiers, & non un Receveur general, qui se trouvoit chargé de cette partie, ce qui sans doute le mettoit au rang des voleurs domestiques, & rendoit sa faute plus noire & plus irremissible: *Voluit rationem ponere cum servis suis.*

5°. Que si nous considerons la quantité de cet argent, elle étoit énorme: il s'agissoit de dix mille talens : ſomme extremement grande, & qui approchoit de cinquante millions : que ſi cet autre ſerviteur de l'Evangile fut puni pour n'avoir pas fait profiter un ſeul talent qu'on luy avoit donné, quoyqu'il le rapportât en ſon entier : que ſera-ce d'en avoir diſſipé un ſi grand nombre, qui ne pouvoit luy avoir été confié que pour des deſſeins de grande importance ? L'Ecriture rapporte comme une eſpece de profuſion immenſe, que la Reine de Saba fit préſent à Salomon de ſix-vingts talens d'or, *obtulit Regi Salomoni centum viginti talenta auri.* Cependant voicy un domeſtique, convaincu d'en avoir diſſipé dix mille. *Qui debebat ei decem millia talenta.*

6°. Quelle prodigalité horrible, quelle étrange diſſipation ? mais en quoy avoit-il diſſipé tant d'argent ? faut-il le demander dans un Seigneur de la Cour, qui touchoit les deniers du Roy ? Le luxe des habits, des ameublemens, des équipages : le jeu, la bonne chere, le vin, les femmes, les ſpectacles, & mille autres dépenſes auſſi ſuperfluës que nuiſibles & criminelles ; mille deſirs effrenez, qui comme des ſangſuës alterées dont rien ne peut étancher la ſoif, & dont l'avidité eſt inſatiable, qui crient toûjours : apporte, apporte, & qui ne diſent jamais, c'eſt aſſez, avoient tout conſumé : *Sanguiſugæ duæ ſunt filiæ dicentes, affer, affer, tria ſunt inſaturabilia, & quartum quod numquam dicit, ſufficit*, dit le Sage. Nôtre diſſipateur eſtoit tel, puiſqu'il ne luy reſtoit rien d'un ſi riche treſor, & qu'il l'avoit tout dépenſé, ſans qu'il en fût devenu plus riche, *cùm non haberet unde redderet* ; & qu'il fallut vendre, femme, enfans, biens, & toutes choses. Telle est la sterilité du peché, & la pauvreté où il réduit le pecheur. Esclaves du peché, s'écrie l'Apôtre saint Paul, quel fruit avez-vous recüeilli de vos iniquitez, que de l'amertume & de la honte? *Servi peccati, quem ergo fructum habuistis, in quibus nunc erubescitis?*

7°. Mais quelle extrême infidelité, & quelle noire ingratitude! car plus la somme qu'on luy avoit confiée estoit notable, plus la confiance & l'amitié que le Maistre auoit en luy, paroissoient-elles grandes, & par consequent, plus l'engageoient elles à lui être fidele; plus la dissipation qu'il en avoit faite étoit-elle inexcusable, odieuse, criante, & digne d'une punition exemplaire, proportionnée à une telle faute, & capable d'intimider les autres Officiers du Prince.

8°. Enfin, en quelles extremitez ce dissipateur du bien d'autruy, ne se trouva-t-il pas réduit par une semblable malversation? Comptable de dix mille talens, convaincu de les avoir dissipez, n'ayant aucun argent pour la restitution d'une telle somme; il ne peut éviter la confiscation de son corps & de ses biens: *cùm enim non haberet unde redderet, jussit eum Rex venundari, & uxorem ejus, & filios, & omnia quæ habebat, & reddi.* Ses biens, sa femme, ses enfans, sa personne, sa liberté, tout est perdu pour lui, d'un Seigneur opulent, il devient en un moment le plus malheureux des esclaves: Que fera-t-il? Par lequel de ses enfans commencera-t-il cette vente inhumaine, dit saint Basile, & aprés luy saint Ambroise, sur un semblable sujet? *Quem primum liberorum vendam, quem offeram?* ah!

ah ! pere infortuné que je ſuis, s'écrioit-il ! commen cerai-je par vendre mon aîné ? helas, c'eſt le premier de tous qui m'a appellé ſon pere ! *ſed primus me patrem vocavit* ! c'eſt celui de tous que je dois honorer davantage, à cauſe de ſon âge : *Hic eſt major ex filiis, quem congruè honoro ſeniorem.* Donnerai-je le plus jeune ? ah, c'eſt celui que j'aime le plus tendrement ! *ſed juniorem dabo ? at iſtum teneriore amore complector.* Je reſpecte l'aîné, je chéris le cadet, j'ai honte de vendre le premier, j'ai pitié du ſecond : *illum erubeſco, hujus miſereor* ; comment pourrai-je voir à ma table, du pain acheté à ce prix ? *quomodo ad menſam accedam, cujus ſumptus ex tali mercatura conſtant ?* comment me ſeparer pour toûjours de cette femme, de cette maiſon, de cette famille, de ces amis, de ces biens ? Telles furent les angoiſſes de ce méchant Domeſtique ; mais quelles ſeront les angoiſſes du pecheur à l'heure de la mort, & dont celles-cy ne ſont que la figure ? car voicy le dénoüement de la parabole : Ce Roi eſt Jeſus-Chriſt ; ce Diſſipateur, le Chrétien prodigue : ces dix mille talens, les graces infinies qu'il a reçûës : ce compte, le jugement dernier ; cette confiſcation, l'abandon qu'on fera de ce debiteur entre les mains du demon, à qui on le livrera, comme à un Creancier inexorable, pour eſtre pourſuivi & perſecuté, juſques à ce qu'il ait rendu tout ce qu'il doit : mais helas ! qu'eſt-ce à dire, ſi ce n'eſt pour eſtre éternellement tourmenté ; car il ſera dans un lieu où on luy demandera toûjours, & il ne payera jamais, dit ſaint Chryſoſtome : *Id eſt ad perpetuitatem eum ſupplicio tradi-*

dit, *numquam enim persoluturus est* : n'ayant plus ni fonds pour le multiplier, ni liberté pour en acquerir, ni crédit pour en emprunter. *Unde enim solvitur illud debitum*, dit saint Augustin, *ubi jam non datur pœnitendi, & correctionis locus?* Il est esclave d'un Maître impitoyable, il ne peut rien acquerir; il est esclave du peché, il ne peut rien mériter. *Cujus vita mortua fuit in culpa, illius mors vivit in pœna*, dit saint Gregoire: Mais sçavons-nous bien que les dix mille talens sont l'image des pechez que nous commettons à milliers, contre les dix Commandemens du Seigneur, ajoûte saint Augustin? *Decem millia talentorum decem millia peccatorum sunt* : & qui rendent l'homme coupable de l'infraction generale de toute la Loy : *debitor universæ Legis*, comme parle saint Paul. C'est donc nous qui sommes à la lettre ce Dissipateur, lorsque comme des enfans prodigues, nous sommes assez malheureux pour abuser des graces de Dieu, & des moyens du salut qu'il nous met entre les mains.

## SECONDE CONSIDERATION.

Entre toutes les miseres de cette vie dont la mort nous affranchit, & les douceurs dont malgré son amertume, elle nous fait joüir : le bien-heureux homme Job, si sçavant en cette matiere, n'oublioit pas celle qui met le debiteur à couvert des poursuites chagrinantes du Creancier & du Publicain. *Ibi vincti sine molestia, non audierunt vocem exactoris. Parvus & magnus ibi sunt, & servus liber à Domino suo.* Mais quel est cet exacteur importun, dit ſaint Cregoire, ſinon cet ancien & injuſte Creancier, qui prêta un vain plaiſir au genre humain, en la perſonne d'Adam, & qui ne ceſſe tous les jours d'en extorquer le payement avec une extrême rigueur? car de toutes les ſervitudes, il n'y en a point d'egale à celle du peché : *omnis qui facit peccatum, ſervus eſt peccati*, dit celui-là même qui a payé toutes nos dettes, & qui a rompu nos fers. Ecoutons encore ſaint Gregoire, & apprenons le fond de la Religion d'un ſi excellent Maître. *Quid nomine exactoris intelligi debet, niſi importunus ille perſuaſor, qui humano generi ſemel deceptionis nummum contulit, & adhuc quotidie expetere mortis debitum non deſiſtit? qui in paradiſo homini peccanti pecuniam commodavit, ſed iniquitate creſcente, hanc quoque cum uſuris exigit.*

Mais l'avare ne va-t-il pas plus loin que la mort? Combien de fois ai-je vû, dit ſaint Ambroiſe, des uſuriers ſe ſaiſir du corps mort de leurs debiteurs, pour s'aſſûrer le payement de leurs dettes, & empêcher qu'on ne leur donnât la ſepulture, juſqu'à ce qu'on les eût ſatisfait? Une fois j'accordai leur demande, continuë ce Saint, & je fis porter le cadavre du défunt à leur maiſon, pour le mettre s'ils vouloient dans leur chambre même; ce qui ayant été executé, on entendit auſſi-tôt des cris & des hurlemens épouventables dans la maiſon du Creancier effrayé d'un tel tranſport: ſi bien que dépoſant ſa ferocité, il conſentit qu'on portât en terre le corps de ſon debiteur; & c'eſt la premiere fois, continuë ce grand Pontife, que j'ai vû des uſuriers humains; ils répandoient des larmes à la verité, mais que les funerailles de leur argent, si l'on peut parler ainsi, plûtôt que la mort d'un homme, faisoient couler de leurs yeux: *Tum tantùm vidi humanos fœneratores, gravi mœrore deflentes pecuniæ suæ funus.*

Combien le Prince d'aujourd'huy fut-il plus charitable envers son serviteur infidele! car cet homme convaincu de lui avoir dissipé dix mille talens, s'étant jetté à ses pieds, & lui ayant dit: Je vous prie de me donner du temps, & je vous satisferai: aussi-tôt ce grand & genereux Roi jugeant que la douleur de ce prodigue étoit sincere, lui remit toute sa dette, & le renvoya libre: mais il faut peser les circonstances de cette remise veritablement royale.

1°. Le texte sacré nous dit que le Roi eut compassion de ce Serviteur: *misertus ejus:* quand quelqu'un souffre, cela s'appelle misere, dit saint Augustin: *cùm quis patitur, miseria est.* Quand on a pitié de voir souffrir quelqu'un, cela s'appelle misericorde. *Cùm quis aliis compatitur, misericordia dici solet*: la commiseration rendant alors la souffrance commune à celui qui souffre & à celui qui voit souffrir. *Quippe ex eo misericordia dicitur, quod miserum faciat cor dolentis alieno malo*: continuë ce même Pere: Quelle bonté donc du Seigneur suprême, de vouloir entrer dans nos sentimens les plus humains & les plus tendres! L'Ecriture nous apprend que Dieu eut compassion du chaste & innocent Joseph, & qu'il descendit avec luy dans la prison: *fuit autem Dominus cum Joseph, & misertus illius: descenditque cum illo in foveam, & in vinculis non dereliquit eum.*

Le Pſalmiſte nous aſſûre que le Seigneur eſt plein de miſericorde & de compaſſion : *miſericors & miſerator Dominus.* L'Apoſtre ſaint Paul enſeigne que nous n'avons point un Pontife en Jeſus-Chriſt, qui ſoit inſenſible à nos malheurs, & qui ne compatiſſe pas à nos infirmitez : *non enim habemus Pontificem, qui non poſſit compati infirmitatibus noſtris.* Tel étoit le Roy d'aujourd'huy, digne d'être la figure de Jeſus-Chriſt, car touché de pitié de voir ſon ſerviteur humilié, repentant, déſolé, déchu de ſa fortune, il ne ſongea plus à la perte qu'il faiſoit, pour n'être ſenſible qu'à la douleur de ſon ſerviteur qui pleuroit : *miſertus autem Dominus ſervi illius* : merveilleux effet de la charité, & parfaite image de celle de Jeſus-Chriſt envers nous, ce n'étoit pas le maître offenſé qui faiſoit ſouffrir le ſerviteur, c'étoit le ſerviteur affligé qui faiſoit ſouffrir le maître.

20. L'Ecriture ajoûte que ce Roy étoit à la verité *Roy*, mais qu'il étoit *homme* : autre caractere de bonté, *Rex homo* : un Roy plein de raiſon, *voluit rationem ponere* : qui ne dédaignoit point de venir à compte avec ſes Officiers : c'étoit un homme, mais un homme d'ordre, un Prince ſage & rangé, qui vouloit voir clair dans ſes affaires, ennemi de la nonchalance & de la confuſion, ne jugeant qu'à bonnes enſeignes, & qu'aprés avoir interrogé, & écouté les défenſes, lû les titres & papiers, calculé & peſé mûrement toutes choſes ; & cela de ſang froid, & à teſte repoſée, donnant lieu à l'accuſé de dire ce qu'il croyoit utile à ſa cauſe, agiſſant en tout avec équité, & non avec au-

torité : *assimilatum est regnum cœlorum homini Regi, qui voluit rationem ponere cum servis suis*. Si donc la Majesté d'un Roi vous éloigne, que sa clemence vous rapproche. O serviteur infidele ! n'allez pas dire, qu'effrayé du poids de sa grandeur, vous n'avez pas eu l'esprit assez libre pour vous défendre : en vous est accompli le souhait du saint homme Job : *Quis mihi tribuat, ut veniam usque ad solium ejus, & ponam coram eo judicium. Nolo multa fortitudine contendat mecum, nec magnitudinis suæ mole me premat, proponat æquitatem contra me.* Jesus-Christ sera vôtre Juge ; si l'éclat de sa divinité vous étonne, que la douceur de son humanité vous rassûre : ce sera à la verité un Dieu qui vous jugera ; mais ce sera un Dieu-homme : ce sera le Fils de Dieu, mais ce sera le Fils de l'Homme : *Pater dedit Filio judicium facere, quia Filius hominis est.* Les Israëlites épouventez, disoient à Moyse : Que le Seigneur ne nous parle pas lui-même ; parlez nous de sa part, & nous obéïrons : mais non, Seigneur, que les Prophetes ne nous parlent pas, parlez-nous vous-même, & nous vous aimerons : car depuis que vous avez voulu être ce que nous sommes, nous n'avons plus de crainte d'écouter ce que vous nous dites : *locutus est nobis in Filio* : parce que vous ne nous parlez plus du milieu des éclairs & des tonnerres, ny avec des menaces & des terreurs comme autrefois, mais par vôtre humanité & avec affabilité, dit saint Augustin : *O Domine, prædicatus es nobis per humanitatem Filii tui.* Qui peut aprés cela ne pas se rassûrer ? Le Roy-homme de nôtre Evangile, prétend donc examiner la conduite de son serviteur ;

mais sans prévention ni aigreur : *assimilatum est regnum cælorum homini Regi.* En effet, à quel excés ne monta pas la charité de ce grand Prince ? puisque voyant ce serviteur humilié & repentant, il luy remit toute la dette, avec les peines qu'il avoit encouruës, la confiscation, la dégradation, la servitude, la prison, la torture, la mendicité, l'infamie, la désolation de sa famille : *Cùm enim non haberet unde redderet, jussit eum Dominus ejus venundari, & uxorem ejus, & filios, & omnia quæ habebat, & reddi. Procidens autem servus ille orabat eum dicens : Patientiam habe in me, & omnia reddam tibi : misertus autem Dominus illius, dimisit eum, & debitum dimisit ei :* Le voilà quitte d'une dette si grande, qu'il eût été à jamais insolvable, parce qu'elle passoit ses forces, ses facultez & son pouvoir : *cùm enim non haberet unde redderet :* le voilà libre de sa personne, & hors des mains de la Justice qui l'alloit saisir, ou qui l'avoit déja saisi : *dimisit eum.*

30. Le voilà de plus rétabli dans sa premiere dignité, avec les avantages attachez à son rang : semblable en cela à l'enfant prodigue, à qui son pere rendit tous les ornemens, & toutes les prérogatives dont il joüissoit avant son départ ; l'anneau, le vêtement, la robbe magnifique: *Cùm adhuc longè esset, vidit illum pater ipsius, & misericordia motus est, & accurrens cecidit super collum ejus, & osculatus est eum, & dixit : Citò proferte stolam primam, & induite illum, & date annulum in manum ejus, & calceamenta in pedibus ejus.* La maniere violente dont ce serviteur traita son confrere, quelques momens aprés, fait bien voir qu'il avoit

repris toute sa fierté, & toute son autorité. On ne peut donc pas avoir plus de bonté pour un malheureux, que cet homme-Roy en eut pour cet injuste Serviteur.

4°. Mais il fit encore pour lui quelque chose au-delà : il lui accorda plus qu'il ne demandoit : *rogabat dilationem, meruit remissionem*, dit saint Augustin. Ce Serviteur ne demandoit que du temps, & qu'il satisferoit : *Patientiam habe in me, & omnia reddam tibi:* Il esperoit par ses travaux, ses soins, son industrie, ramasser, s'il pouvoit, ce qu'il avoit dissipé ; mais ce Roy noble & genereux, grand & liberal, lui remet le fonds de toute la dette même, aussi-bien que toute la peine encouruë, ainsi qu'observe saint Chrysostome : *Vide mirabilem misericordiæ exaggerationem: dilationem tantummodò temporis, prorogationemque quandam servus postulavit : Dominus autem multò magis quam petiit indulsit : videlicet totius æris alieni donationem ultrò præbuit.* Telles sont les largesses merveilleuses du Seigneur que nous servons : telle est sa magnificence incomparable envers nous, laquelle va toûjours plus loin que nos esperances & nos souhaits : *potens est omnia facere superabundanter quàm petimus, aut intelligimus.*

5°. Au reste, rien ne manqua à cette liberalité du côté du Roy pour la rendre honorable, & utile à son Ministre : Le Seigneur ne lui fait point ce don, sans le lui faire mériter auparavant : Il voulut que cette grace fût le fruit, non de sa seule liberalité, mais aussi de la priere & des vertus de son Serviteur : *omne debitum dimisi tibi, quoniam rogasti me :* & que le Serviteur

Serviteur s'en rendit digne par des sentimens de penitence, d'humilité, de confiance, d'amour : ce fut même par cette raison qu'il ne prévint pas sa demande, & qu'il le condamna d'abord, commandant qu'on le vendît, lui, sa femme, ses enfans, & son bien, non par aucun mouvement d'interéts ou d'inhumanité, ainsi que l'evenement le fit bien voir : *non quia crudelis, aut inhumanus, aut avarus*, dit saint Chrysostome, *sed ut servum ad pœnitentiam comminatione adduceret.* Mais afin que ce serviteur effrayé de la grandeur de son crime & de sa punition, se reconnût, & que ce fût sa premiere disposition à la penitence : Il paroît même que le Maître avoit dessein dés le commencement de lui pardonner, ajoûte le même Pere : *Patet quod Dominus ab initio etiam voluerit misereri* : & on voyoit bien dans le fonds que son dessein n'étoit pas de le perdre, & qu'il songeoit à lui faire grace : cependant il jugea devoir attendre que le temps & la reflexion lui ouvrissent les yeux sur le crime qu'il avoit commis, & sur le supplice qu'il avoit mérité, & que sa bonté touchât son cœur, afin qu'il contribuât lui-même, & qu'il cooperât, tout coupable qu'il étoit, à son propre bonheur, & que son pardon fût comme la récompense des vertus que la disgrace feroit germer en lui : *at noluit prius id facere nisi debitor supplicaret utique, ut donum & remissio illa petitionis & remissionis fructus esse videretur.* Car il ne nia pas son crime, il le confessa, il se prosterna, il promit de satisfaire à tout : il se jugea & il se condamna lui-même, avoüant & déplorant la grandeur de faute : *nam nec debitum negavit, imò redditurum se universa promisit, prociditque,*

*& quasi delinquentem se condemnavit, magnitudinem peccati cognoscens.* C'est par de semblables sentimens que ce Roi homme lui fit acheter la remission de sa dette, & qu'il pût la recüeillir comme la production des larmes qu'il avoit répanduës dans sa priere instante & longue: *orabat.* Telle est la donation que fait le Seigneur; telle est sa conduite, toûjours également pleine de sagesse & de bonté en elle-même, & toûjours glorieuse & avantageuse à celui qui la reçoit: en sorte que ce serviteur se retira plus riche & plus comblé de biens quand il sortit d'auprés de son Maître aprés le pardon obtenu, que quand il en étoit sorti avant son malheur, chargé de dix mille talens, & d'une importante commission

6°. Saint Chrysostome éclaircit encore cecy, par une reflexion qui n'est pas à oublier: C'est que ce Serviteur reçut alors cette remise sans rougir; c'est-à-dire, non comme une largesse purement gratuite faite à un miserable, mais comme une espece de récompense & de couronne, en quelque façon dûë & méritée, & qu'ainsi cette liberalité ne pouvoit lui être honteuse, comme si c'eût été une pure aumône: *quod fecit ut coronam quoque servus consequeretur: ne si videretur servus aliquid de suo non fecisse, majori confunderetur rubore:* c'est de cette sorte que Booz ordonna à ses moissonneurs de laisser exprés aprés eux des épics de bled, afin que Ruth, cette pieuse veuve, qui glanoit dans le champ aprés eux, pût sans rougir ramasser avec plus d'abondance du bled: *de vestris manipulis projicite de industria, & remanere permittite, ut absque rubore colligat.*

7°. Enfin, le Seigneur riche en misericorde, prévoyant l'avenir, vouloit donner à ce Serviteur un exemple de douceur & de charité, d'un prix infiniment plus grand que n'étoient les dix mille talens, afin qu'il en usât ainsi à l'égard de ses inferieurs, si jamais ils lui étoient redevables de quelque chose: devoir exemplaire dont les maîtres sont tenus à l'égard de leurs serviteurs, & que le Seigneur d'aujourd'huy remplit parfaitement, agissant non en Roy maître & absolu, dur & inflexible, mais en Roi homme, en Roi bon & humain: *assimilatum est regnum cœlorum homini regi.*

## TROISIE'ME CONSIDERATION.

Aprés tant de belles choses qu'un tel Maistre venoit de faire en faveur de ce méchant serviteur, il semble que ce serviteur tout rempli de l'idée d'une si genereuse charité, devoit répandre la sienne sur ses debiteurs, & profiter d'un exemple si édifiant; mais nous allons voir en lui, la conduite la plus indigne qui fut jamais: *quæ verò sequuntur*, dit saint Chrysostome, *indigna omninò prioribus sunt.* Helas, quel malheur! il sort de chez son Maistre, libre de dette, mais toûjours esclave de sa convoitise: *à debito liber, sed iniquitatis servus*, ajoûte saint Augustin. La même cupidité qui lui avoit fait dissiper dix mille talens qui n'étoient pas à lui, va lui faire prendre à la gorge un de ses debiteurs, pour le contraindre à lui payer une somme fort modique qui étoit à lui: injuste à dissiper le bien d'autrui, inhumain à exiger le sien : mais laquelle de ces deux actions fut la plus condamnable en lui ? il est utile de le considerer.

1°. A peine est il sorti de la chambre de ce misericordieux Roi ; à peine est-il absous & délivré des mains de la Justice ; à peine lui a-t-on pardonné ; à peine a t il échappé la prison, la confiscation, la vente de ses biens, de sa femme & de ses enfans : *egressus autem servus ille*, qu'il trouve un de ses creanciers, & qu'il le prend à la gorge pour se faire payer de quelque argent que ce pauvre homme luy devoit, en luy disant d'une voix feroce : payez-moy ce que vous me devez, *redde quod debes* : Quelle inhumanité ! il avoit encore devant les yeux la bonté de son Maistre, & il maltraite un autre serviteur de ce même Maistre, dans le Palais, & à la porte même du Roy qui venoit de luy faire grace. *Nam cùm exisset, inquit Scriptura, non multo tempore post, sed confestim, beneficii magnitudinem ante oculos adhuc habens, tanto munere, tantaque liberalitate Domini abusus est.* Ce sont les paroles de saint Chrysostome: peut-on en effet considerer ce violent procedé, & n'en être pas indigné ? ne pourroit-on pas lui appliquer en un sens ce qu'on disoit à Tobie : Eh quoi, vous étiez, il n'y a qu'un moment, dans d'extrêmes angoisses, vous étiez perdu sans ressource, si on ne vous eût pas fait misericorde, & vous traitez ainsi vôtre frere ? *Jam hujusce rei causâ interfici jussus es, & vix mortis effugisti imperium, & iterum vadis illuc ?*

2°. Ce qu'il y a de plus étrange, c'est qu'on venoit de lui remettre une somme immense, dix mille talens:

& pour une tres-petite ſomme, pour cent deniers, il prend ſon debiteur à la gorge, il le ſuffoque, il l'étrangle, il l'entraîne en priſon: cette vexation eſt-elle ſupportable? *non æquali de re iſte conſervus ſupplicabat, cùm pro talentis hic decem millibus, alter autem pro centum denariis ſupplicaverit.* C'eſt la remarque de S. Chryſoſtome: car au reſte rien ne l'obligeoit de preſſer ſon debiteur; le Seigneur ne luy demandoit plus rien: il étoit quitte de toute dette: Comment donc n'étant point preſſé par ſes Creanciers, pouvoit-il ainſi perſecuter ſes debiteurs?

3°. D'ailleurs, ne devoit-il pas être touché de voir ſon confrere à ſes pieds luy demander miſericorde? pour s'être abbaiſſé devant le Roy, il avoit obtenu grace, quoyque s'abbaiſer devant un Roy n'e ſoit pas une grande humiliation; mais celle d'un frere devant un frere, eſt extrême, *conſervo ſe proſtravit, iſte autem Domino Regi.* Cependant elle ne peut rien ſur ſon eſprit dur & inflexible; il eſt impitoyable, il le met en priſon. *Ille autem noluit, ſed abiit, & miſit eum in carcerem, donec redderet debitum.*

4°. Comment eſt-ce, ajoûte ce même Pere, qu'il ne fut pas émû de l'humble priere de ſon debiteur? C'eſtoit la même en propres termes qu'il avoit faite au Roy, il n'y avoit qu'un moment, & qui luy avoit obtenu la remiſſion de ſa dette; il luy dit: ayez un peu de patience, & je vous rendray tout. *Patientiam habe in me, & omnia reddam tibi.* Et on luy avoit tout remis. Il ne ſe ſouvient pas d'avoir proferé ces mots: Il ne reſpecta pas dans la bouche d'autruy une priere qui lui avoit été si avantageuse dans la sienne propre, il fut inexorable : *ne verba quidem veritus est*, dit encore saint Chrysostome, *quibus salutem acquisivit.*

5°. Son confrere ne luy demandoit pas la remise de toute sa dette, ny même d'une partie, il n'y songeoit pas ; peut-être sçavoit-il la dureté de son creancier, il ne vouloit qu'un peu de temps pour le payer, qu'une prorogation de terme: mais non, il ne l'aura pas, celuy qui a tout obtenu, ne donnera rien, il luy ravira tout jusqu'à sa liberté, & jusqu'à le charger de chaînes dans un cachot. *Cui omne debitum indultum fuit à Domino, is nec prorogationem concedere voluit conservo, quin & vinculis atque carcere ipsum oppressit*, dit toûjours saint Chrysostome.

6°. Bien davantage : le Roy ne l'avoit pas condamné à des peines corporelles, qu'il avoit neanmoins bien meritées ; ce Prince indulgent prenant pitié de lui, l'en avoit exempté : d'où vient donc qu'il n'en exempte pas son confrere ? pour une legere dette, continuë ce même Saint : Pour une dette tout-à-fait inferieure à celle qu'il devoit au Roy, il le prend à la gorge, il le suffoque, il veut luy ôter jusqu'à l'usage de l'air & de la voix, jusqu'à la faculté de respirer, de gemir, de prier, & de demander misericorde : *tenens suffocabat eum*, quelle barbarie !

7°. Cette conduite paroîtra d'autant plus odieuse, si l'on considere que quand cet homme violent avoit rendu ses comptes au Roy, par lesquels il demeuroit redevable à Sa Majesté d'une somme excessive, le crime d'une si grande dissipation n'avoit pas éclaté, ny sa confuſion ny ſon humiliation, *procidens autem ſervus ille*, ny ſes cris pitoyables : *orabat* : Expreſſion qui fait voir une priere ſubſiſtante, continuë, longue, & un pardon incertain & ſuſpendu : ny ſa condamnation : tout cela s'étoit paſſé en particulier dans un cabinet, d'où il ſortoit, *egreſſus autem* : mais il afflige & maltraite ſon confrere publiquement, il le prend à lagorge devant tout le monde, il ſouffre qu'il ſe proſterne à ſes pieds, & il le fait traîner en priſon au vû d'un chacun : *videntes conſervi ejus quæ fiebant* ; tous les autres domeſtiques & Officiers du Prince furent témoins de ſon inhumanité : *Videntes conſervi ejus quæ fiebant contriſtati ſunt valdè* : Il n'y eut perſonne d'entre eux qui n'en fût infiniment ſcandaliſé ; quoy voir un homme qui meritoit le dernier ſupplice, à qui on venoit de pardonner & de faire grace, qu'on avoit remis en ſa premiere dignité, n'avoir ny indulgence ny compaſſion ? cela parut intolerable à ceux mêmes qui ne devoient rien, dit ſaint Chryſoſtome, & qui n'avoient nul intereſt dans cette affaire, *& condoluerunt hi qui nihil habebant* : Ils furent penetrez de douleur à la vûë de cette cruauté : on s'étoit réjoüi de ce qu'on lui avoit pardonné, on fut contriſté de ce qu'il ne pardonnoit pas.

8°. Mais quelle fut l'imprudence de ce malheureux ? il commet cette violence à la porte du Roy, & devant tous les Officiers du Palais ; il ne reſpecte ny lieu ny témoins ; comment ne fit-il pas reflexion que le Prince le ſçauroit ? cela ne manqua pas d'arriver, *& venerunt & narraverunt Domino ſuo quæ facta fuerant* :

Tout étoit alors consommé, & ce pauvre debiteur souffroit dans la prison, *misit eum in carcerem.*

9°. Le Roy n'avoit pas voulu condamner le serviteur sans avoir auparavant examiné ses comptes: *voluit rationem ponere cum servis suis*: sans avoir écouté ses raisons: le Serviteur n'examine rien pour se faire payer de son confrere: il le trouve en chemin, il le saisit, il le prend à la gorge, il l'emprisonne, sans en venir à aucun compte ny à aucun examen: qui vit jamais une semblable rigueur? S'il s'étoit souvenu des dix mille talens qu'on luy avoit remis, il auroit oublié les cent deniers qu'on ne luy avoit pas payez: voilà nôtre condamnation. Nous voulons que le Seigneur oublie les infinies offenses que nous commettons contre luy: & nous nous souvenons toûjours des moindres offenses qu'on a commises contre nous. Le pecheur veut être écouté du Seigneur, & le Seigneur en la personne du prochain ne peut être écouté du pecheur. Le Seigneur remet les dettes immenses dont le serviteur luy est redevable, & le serviteur prend son creancier à la gorge, pour luy faire rendre jusqu'à la derniere obole d'une tres-legere somme: ne craignons-nous point d'estre traitez comme nous traitons les autres, qu'on ne nous mesure à la mesme regle, & qu'on ne nous pardonne pas plus les offenses que nous commettons contre Dieu, que nous pardonnons les offenses qu'on commet contre nous. Nous ne respectons ny la Maison du Seigneur, appellée la Maison de priere, devenant inexorables au prochain qui nous prie: ni les Fideles qui sont nos freres, que nous scandalisons par nôtre

nôtre dureté, & qui loin d'implorer la miſericorde du pere de famille pour nous, provoqueront ſa juſtice contre nous, ainſi qu'il arriva à ce méchant Serviteur d'aujourd'huy : Au plus fort de ſon angoiſſe, & preſſé par la crainte du châtiment, il fut la vraye image du pecheur à l'heure de la mort : il avoit promis de rendre les dix mille talens. Quelle promeſſe ? où les eût il pris ? le Maiſtre ſeul d'où découle tout bien, & hors lequel il n'y a aucun bien, pouvoit les luy donner : mais le Maiſtre ſuſpend ſes dons quand il en vient à ſe faire rendre compte ; la ſource s'arrête : eſt-il hors de peril, il oublie toutes ſes belles reſolutions, il opprime ſon frere. C'eſt ainſi qu'en uſoit Pharaon : effrayé dans la vûë de ſes crimes, & des châtimens qui le menaçoient, tout endurci qu'il fût, il diſoit à Moyſe : J'ay peché, je le confeſſe, le Seigneur eſt juſte, moi & mon peuple ſommes des impies : *peccavi etiam nunc : Dominus juſtus, ego & populus meus impii.* Mais étoit-il délivré, il opprimoit le peuple de Dieu comme auparavant : Ainſi eſt il tres-ſouvent de nous.

## QUATRIE'ME CONSIDERATION.

Qu'heureux ſont ceux qui pour Maiſtre & Seigneur ont un Prince également juſte & miſericordieux : noble, genereux & grand, qui fait tout avec raiſon, prudence, équité, fermeté : ſans prévention, ſans paſſion, ſans orgueil, ſans humeur ; qui ne regarde que le mérite & la vertu dans la diſtribution de ſes graces : auprés duquel la flaterie, la faveur, & le déguiſement n'ont aucun accés ! qu'il seroit doux de vivre sous un tel empire ! mais où le trouver sur la terre, si ce n'est en celuy qui porte écrit sur luy le titre magnifique de Roy des Rois, & de Seigneur des Seigneurs, *Rex Regum, & Dominus Dominantium*, & de qui le Prophete a prédit, qu'il regneroit autant par la sagesse & par la justice, que par l'autorité & la superiorité que lui donne sa naissance & sa sainteté au dessus du reste des hommes: *& regnabit Rex, & sapiens erit, & faciet judicium & justitiam.* Le Roy que nous propose aujourd'huy l'Evangile, comme une digne figure du Sauveur, en est une preuve : Autant qu'il fut indulgent & liberal à un sujet humilié qui demandoit grace, & qu'il vouloit bien peut-être présumer n'avoir peché que par imprudence; autant devint-il severe & rigoureux, quand il eut connu son mauvais cœur & sa dureté. Voyons la maniere dont il le traita la seconde fois qu'il le fit paroître devant luy.

10. La conduite de ce méchant serviteur déplut à Dieu & aux hommes : *ne hominibus quidem placui , nedum Deo*, dit saint Chrysostome. Cependant il faut observer que quand il fut convaincu d'avoir dissipé dix mille talens, le Seigneur ne lui dit aucune parole fâcheuse; au contraire, le voyant humilié & suppliant, il en eut pitié : mais quand il sçût la maniere dure dont il en avoit usé envers son confrere, *tunc nequam & improbum appellavit*, dit saint Chrysostome : pour lors il le traita avec des termes injurieux: Méchant homme, lui dit-il, *Serve nequam*, dur, ingrat, immisericordieux, inexorable.

2°, La perte de dix mille talens n'avoit pas émû un Maître ſi genereux, toûjours humain, toûjours ſage, toûjours tranquille. Mais quand il aprit l'indigne traitement que ce malheureux avoit fait à ſon debiteur, il ſe mit en colere, *iratus eſt Dominus ejus* : il entra en une juſte indignation contre lui : il n'eut plus de moderation pour lui. *Quando enim vendi eum juſſit, nulla ira fuit in verbis*, dit ſaint Chryſoſtome : & quand il vit l'inhumanité de ce méchant, ſa douceur le quitta : *nec quietus, ſed ira commotus tradidit illum.*

3°. La premiere fois il ne lui avoit fait aucun reproche, il étoit ſeul offenſé : il ne lui dit point qu'il étoit un ingrat, un infidele, un diſſipateur, un prodigue, un injuſte : La ſeconde fois, il lui en fit de ſanglans : Quoi lui dit-il, méchant homme, je vous ai remis avec bonté une dette exceſſive, ſans y avoir égard, vous traitez vôtre frere avec cette cruauté? vous n'avez aucune compaſſion de lui? *Serve nequam, omne debitum dimiſi tibi, quoniam rogaſti me, nonne oportuit & te miſereri conſervi tui?*

4°. Pour le premier crime, le Prince ne le condamna à aucune peine corporelle ; il ordonna qu'on ne s'en prît qu'à ſon bien ſeulement : *juſſit venundari quæ habebat, & reddi* : il ne lui fit que des menaces, il ne lui donna que de la crainte : mais cette crainte & ces menaces ſervirent à ſa converſion. Pour le ſecond, il commanda qu'on le mît entre les mains des bourreaux, & qu'il fût appliqué à la torture, juſqu'à ce qu'il eût tout rendu : *& iratus Dominus ejus tradidit tortoribus, donec redderet univerſum debitum* : Il jugea l'inhumanité de ce Serviteur envers ſon frere, un crime irremiſſible, digne d'un plus grand châtiment, que la dissipation de dix mille talens ne le meritoit. Voyant, continue S. Chrysostome, que les bienfaits ne le rendoient pas meilleur, il eut recours aux châtimens: *Nam quoniam beneficiis melior fieri non potuisti, reliquum est, ut poena torquearis.*

5°. Lors de la premiere accusation, le Maître qui exigeoit ce compte est appellé un homme-Roi, comme on a remarqué: *assimilatum est regnum coelorum homini regi*: ce qui faisoit voir une autorité mêlée de douceur & d'humanité. Dans la seconde, ce n'est plus un homme, c'est un Seigneur inflexible: *iratus Dominus ejus.*

6°. Jesus-Christ finissant cette parabole, menace ses Disciples qu'ils n'auront pas Dieu pour pere, s'ils traitent avec rigueur leurs freres qui les ont offensez; c'est ainsi, leur dit il, que mon Pere vous traitera, si vous traitez ainsi vos freres: *sic & Pater meus faciet vobis*; remarquez, dit saint Chrysostome, le Fils de Dieu ne dit pas que vôtre Pere celeste vous traitera ainsi, mais mon Pere. *Non dixit: sic & Pater vester, sed Pater meus.* Celui-là qui est dur & implacable à l'égard de ses freres, ne meritant pas d'être le Fils du Pere misericordieux qui fait luire son Soleil sur la terre des méchans & des bons, & descendre sa pluye sur l'heritage du pecheur, aussi-bien que sur celui du juste.

Heureux donc le misericordieux, car on lui fera misericorde! Plus heureux encore, qui pour s'être chargé des miseres d'autrui, se trouve déchargé des siennes propres, & qui sentant, non le mal qu'on lui fait, mais le mal qu'on se fait en voulant lui en faire, participe déja à la charité, & à l'impassibilité des bien heureux.

Tel fut ce Roy d'aujourd'huy, veritablement Roy, puisqu'il regnoit & sur luy-même par sa sagesse, sa patience, sa pieté; & sur les autres par sa justice & par sa charité: il pardonna sans peine l'injure faite à sa personne, mais il ne pût souffrir l'injure faite à autrui: cependant loin de punir l'homme dans ce serviteur impitoyable, il ne punit que l'inhumanité: loin de punir la personne, il ne punit que le crime: il obligea le coupable de satisfaire par des peines patiemmenr endurées, à une dette qu'il ne pouvoit pas acquitter avec de l'argent, & dont aprés sa dureté, il ne pouvoit plus esperer la remission car S. Augustin doute si sa condamnation fut à un suplice éternel ou temporel: de sorte que ce Roy fut moins misericordieux en remettant les dix mille talens à son Serviteur par une bonté gratuite, qu'en les luy faisant payer à la rigueur par une penitence laborieuse, puisque le premier ne servit qu'à nourrir son orgüeil, & que le second fut utile pour le guerir de son avarice.

Sur quoy saint Gregoire rapportoit à son peuple dans une de ses Homelies, un exemple bien remarquable à ce sujet: Il y a eu de nos jours, disoit ce saint Pontife, un Abbé nommé Estienne, que bien des personnes encore vivantes ont connu, & dont la patience fut admirable: c'étoit un homme qui ne possedoit rien en ce monde, & qui ne vouloit rien de ce monde: *nihil in mundo possidens, nihil requirens*, content de Dieu & de sa pauvreté il vivoit heureux: *solam cum Deo paupertatem diligens.* Il fuyoit le commerce des seculiers, & ne respiroit que la retraite & l'oraiſon. *Conventus ſęcularium fugiens, vacare ſemper orationi concupiſcens.* Une ſeule de ſes actions ſuffira pour donner l'idée de ſa vertu. Ce bon Religieux ayant cultivé un champ, fait ſa moiſſon, & recüeilli de ſes propres mains, & à la ſueur de ſon viſage, les bleds néceſſaires pour ſa nourriture, & celle de ſes freres pendant toute l'année : Un homme pouſſé par l'inſtigation de l'ancien ennemy, y mit le feu, & brûla toute la proviſion de cette pauvre Communauté.

Quelqu'un voyant cet embraſement, courut le dire à l'Abbé : ah ! mon Pere, mon Pere, luy cria-t-il, quel malheur, on a brûlé toute vôtre recolte ! on vous a fait un tort irreparable : mais cet homme de Dieu, ſans s'émouvoir, lui répondit ſur le champ : Helas, mon fils, que dites-vous ? ce n'eſt pas à moi que cet homme a fait du tort, c'eſt à luy-même qu'il en a fait. Quoy, vous nous plaignez pour un dommage temporel, & vous ne plaignez pas vôtre frere pour un dommage ſpirituel ? C'eſt luy, c'eſt luy qui perd, & non pas nous : c'eſt ſur luy qu'il faut pleurer, & non pas ſur nous. Vous vous récriez ſur une perte exterieure, & vous ne gemiſſez pas de ſa ruine interieure. Vous vous affligez d'une flamme paſſagere qui ne nous a brûlé que des fruits corruptibles, & vous ne vous attriſtez pas ſur l'incendie ſpirituelle de l'ame immortelle de vôtre frere ? Quel fonds de tranquilité & de charité n'avoit pas celuy qui parloit ainſi ? *In quibus eius verbis oſtenditur in quo virtutis culmine ſedebat, qui unum quod in ſumptum mundi habuerat, tam ſecura perdebat mente; magiſque illi condolebat qui peccatum commiſerat, quàm ſibi qui peccati illius damna tolerabat, nec penſabat quid ipſe exterius, ſed culpæ reus, quantum perdebat intus.* Sa mort fut ſemblable à ſa vie : car ſa derniere heure étant venuë, & pluſieurs perſonnes de pieté priant autour de ſon lit, il y en eut qui virent des Anges venir comme pour recevoir l'ame de ce ſaint Relgieux, qui éclairé & embraſé d'une charité toute celeſte & ſpirituelle, paſſa d'une lumiere à l'autre, & d'une vie temporelle à une vie qui n'aura jamais de fin.

FIN.

*Octobre* 1706.

www.ingramcontent.com/pod-product-compliance
Ingram Content Group UK Ltd.
Pitfield, Milton Keynes, MK11 3LW, UK
UKHW020507180726
13839UKWH00004B/1961

9 782329 564234